Sonata No. 1

I

Allegro con brio
f
mf cresc.
dim.
f
1.
2.
mp
rall.
rit.
Agitato
ff
Ped.
Ped.

8
p
accel.
rall.
mp
Ped.
Tempo primo
f
mf
cresc.
cresc.
f
Andante
mp
rall.
brillante

8va
rubato
f
L.H.
Ped.
mf
p
cresc.
tr

p
mf
tr
pp cresc.
f
R.H.
Ped.

Ped.
R.H.
tr
Ped.
8va
brillante
loco
8va basso
15ma
Tempo primo
f
Ped.

8
p
accel.
rall.
mp
Ped.
Tempo primo
mf
cresc.
f
mp
1.
rall.
2.
cresc. rall.
ff
3
4
2
5

II

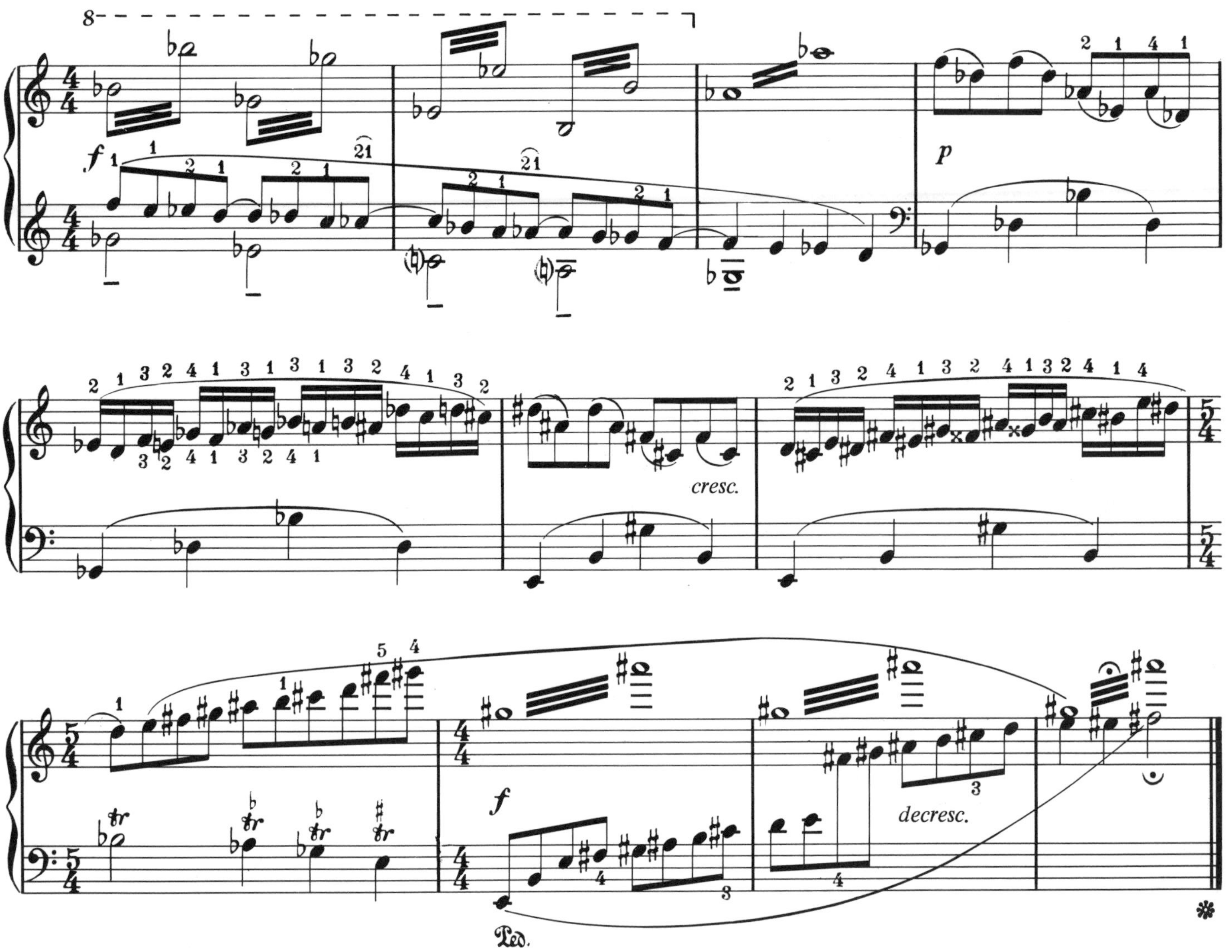

III

f
(S.P.off)
Ped.
ff
Ped.
mp
Ped.
Ped.
Ped.

mf
Ped.
f
Ped.
S.P.
Ped.
Ped.
S.P.
Ped.
8
Ped.
8
Ped.

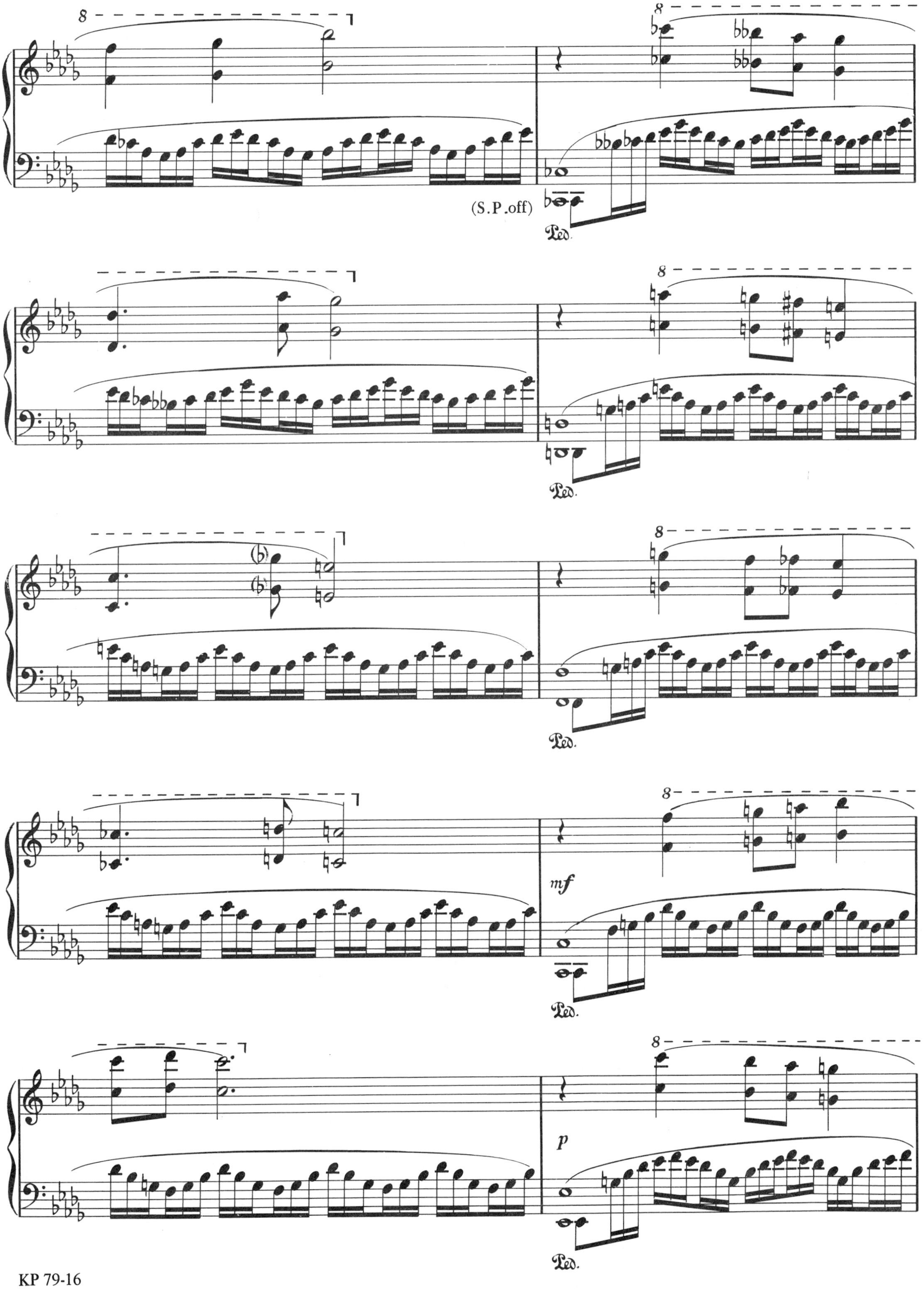
8
(S.P.off)
Ped.
mf
p

8
Ped.
S.P.
Ped.
Ped.
(S.P.off)
Ped.
rit.
Ped.
dolce
mf
cresc.
p
mp

cresc.
f
tr
4-5
p
Ped.
mp
cresc.
f
cresc.
p
Ped.

rapido
p ad lib.
dim.
rit.
Tempo primo
p delicato
S.P.

Ped.
mp
Ped.
cresc.
(S.P.off)
f
Ped.
cresc.
Ped.
mp
Ped.
mf
Ped.

mp
S.P.
f
S.P.
(S.P. off)
8
ff
ff
8va basso
S.P.
S.P.